SEYMOUR DE RICCI

QUELQUES BIBLIOPHILES

VII

M. HENRI VEVER

PLAISIR DE BIBLIOPHILE

1928

QUELQUES BIBLIOPHILES

VII. — M. HENRI VEVER

IEN de plus surprenant, rien au fond de plus paradoxal que les contrastes présentés par les différentes collections visitées au cours de notre enquête auprès des bibliophiles parisiens. Chez chacun de ces amateurs de livres modernes, nous avons retrouvé les mêmes livres de sociétés, enrichis des mêmes ornements, habillés par les mêmes relieurs. Et pourtant, à chaque bibliothèque, c'est une note nouvelle : tant il est vrai que le collectionneur sérieux marque du sceau de sa personnalité le cabinet formé par ses soins. Ce sont les mêmes livres que chez le voisin, soit; mais l'esprit dans lequel ils ont été réunis varie pour chaque amateur. Et c'est précisément cela qui vous expliquera comment on peut décrire une douzaine de bibliothèques parisiennes presque sans être contraint à une redite.

Il apparaît certain qu'on ne naît pas bibliophile : la bibliophilie est un goût acquis et chacun y parvient par une route différente. M. Henri Vever y est arrivé assez lentement; oserons-nous dire, par le chemin des écoliers. Chez lui, c'est l'artiste qui a déterminé le bibliophile. Quand, au lendemain de la guerre de 1870, il dessinait d'après le modèle sur les bancs de l'ancienne École des Arts décoratifs, puis sur les tabourets de l'École des Beaux-Arts, on l'eût bien surpris en lui annonçant que, cinquante ans plus tard, il serait une des personnalités marquantes de la bibliophilie moderne. Et pourtant, dès cette époque, l'implacable emprise de la collection le possédait déjà : de ses juvéniles économies il acquérait une estampe de Rembrandt, premier noyau d'une collection graphique qui allait graduellement s'étendre et embrasser tout le monde de l'art et de la décoration.

Les traditions d'une profession, liée étroitement depuis quatre siècles avec le dessin et la gravure, le maintenaient en contact permanent avec les inventions ornementales les plus capricieuses des maîtres de la Renaissance et des siècles suivants; tout naturellement, il recueillait les estampes des ornemanistes, les œuvres des architectes et des décorateurs. Sources inépuisables de documentation, les livres illustrés du XVIe siècle venaient se placer un à un sur ses rayons, le plus souvent revêtus de leurs reliures dorées, d'un dessin si élégant et si hardi.

L'art de l'Extrême-Orient d'où sont sorties, comme l'a jadis démontré Molinier, toutes les rocailles du style Louis XV, est venu, au début de la troisième République, régénérer par son exemple l'art décoratif français. Un Gallé, un Lalique n'ont jamais su eux-mêmes tout ce qu'ils devaient aux bibelots chantés par les Goncourt. Rien de plus instructif, à cet égard, qu'une visite aux vastes vitrines dans lesquelles M. Henri Vever a réuni un choix mûrement médité de ce que l'art chinois et l'art japonais nous offrent de plus caractéristique, sous le triple aspect de la matière, de la couleur et du dessin.

Au fur et à mesure que l'âge et le succès lui ont permis de consacrer plus de loisirs à ses collections, notre amateur, sans se désintéresser de ses vitrines d'art oriental, de ses portefeuilles d'estampes japonaises, de son incomparable série de miniatures persanes, de son musée de la gravure depuis le xve siècle jusqu'aux jeunes aquafortistes de notre époque, notre amateur, dis-je, put donner libre cours à sa passion pour la reliure. Il a apporté à cette branche de la bibliophilie un élément nouveau : seul, parmi tant de collectionneurs, il a dessiné lui-même la plupart de ses reliures.

Quand un amateur, même d'un goût fort éclairé, commande une reliure à l'artiste du jour, il est rare qu'il puisse lui fournir autre chose que des indications générales. Artiste lui-même, rompu à tous les secrets d'une technique qui, pour beaucoup, demeurera toujours mystérieuse, M. Henri Vever, le jour où il a commencé à faire relier des livres, s'est souvenu que, lui aussi, il était capable de dessiner des fers et d'agencer des filets. Rare et heureuse combinaison du bibliophile et du décorateur !

Sa première tentative fut un coup d'audace. Il avait acquis un exemplaire sur japon des *Quatre Fils Aymon* de Launette (1883) : il fit dessiner par Grasset, puis exécuter en émail cloisonné sur or une grande composition destinée à être enchâssée dans le plat supérieur de la reliure. On devine quelles difficultés techniques il fallut vaincre pour achever ce volume qui, demeuré sur le chantier de 1892 à 1894, fut fort admiré à l'Exposition de 1900; mais ce sont là tours de force qu'on ne répéterait pas sans danger.

Un peu plus tard, une autre technique vint séduire notre collectionneur : pénétré de cette idée fort ancienne, puisqu'elle date du XVIe siècle, mais trop rarement appliquée, que la reliure doit présenter un rapport direct avec l'intérieur du volume, M. Vever rechercha les reliures peintes et les reliures avec cuirs incisés.

De la bibliothèque des Goncourt, il fit passer dans la sienne un précieux exemplaire sur japon de l'originale de *Sapho,* avec une page du manuscrit et, sur le vélin de la reliure, un superbe portrait d'Alphonse Daudet, peint en 1891 par Eugène Carrière. Toute une série de livres sur le Japon reçut des reliures en cuir japonais estampé. Dans le maroquin qui recouvre le *Crainquebille* de Pelletan (1902), il encastra un cuir ciselé de Steinlen et, dans la reliure du *Cours de danse fin de siècle* (1892) par Legrand, un cuir ciselé de ce même Legrand ; deux autres cuirs de Steinlen ornent la *Chanson des Gueux* (Pelletan, 1910), exemplaire enrichi de nombreux dessins de l'artiste et d'un beau sonnet autographe par Jean Richepin.

Novateur hardi, devançant de deux ou trois ans nos maroquiniers, il relia en peau de serpent le *Livre de la Jungle* (Livre contemporain, 1919), superbe exemplaire avec la suite et un dessin de Jouve. Dans le plat de la reliure il enchâssa un bois gravé de Jouve, laqué par la main de son ami Dunand, et il fit exécuter par Chadel, pour les doublures et les gardes, des *batiks* à sujets appropriés.

C'est que, vers 1915, notre bibliophile était devenu la providence des relieurs : abandonnés par la plupart de leurs clients, plusieurs de nos meilleurs artistes attendaient vainement des commandes. Aussi fut-ce une véritable aubaine pour la corporation quand M. Henri Vever décida, d'un seul coup, d'ajouter à sa bibliothèque une centaine de reliures de grand luxe.

Aidé de son fidèle collaborateur Jules Chadel, dont le crayon habile, excercé depuis longtemps à toutes les variétés du dessin ornemental et sans cesse stimulé par notre collectionneur, s'adapta sans peine à cette technique différente, il s'efforça, sur ce terrain si exploité, de créer tout un ensemble de décors nouveaux. Il fit graver des jeux entiers de fers inédits, filets droits et courbes, fleurs et fleurons, points ronds surtout, de grandeur variable, qu'il combinait en rinceaux et en spirales savamment calibrés.

Avec un sens exquis de l'équilibre et de la mesure, sans jamais se laisser aller à pasticher d'autres techniques, restant toujours sur le terrain de la reliure classique, mais renouvelant celle-ci en l'adaptant au goût du jour, trop sincère pour ne pas être hardi, trop discret pour étonner par des audaces outrancières, M. Vever sut créer tout un ensemble décoratif dont aucune autre bibliothèque particulière ne présenterait, sans doute, l'équivalent. Une part considérable de cette œuvre revient à ses collaborateurs, à son chef d'entreprise Jules Chadel, et aux vaillants artistes qui ont nom Lanoë, Joly, Maylander, Canape Noulhac, pour ne citer que les principaux des relieurs ayant travaillé sous sa direction et d'après ses dessins.

Les volumes ainsi reliés comprennent un choix très réfléchi des plus beaux ouvrages publiés en France depuis vingt-cinq ans, livres d'éditeurs, depuis Pelletan jusqu'à Schmied, ou livres de sociétés établis par les *Cent Bibliophiles,* les *Amis des Livres,* le *Livre contemporain,* etc. En tenter un catalogue, même sommaire, serait chimérique, tant est riche cette section de la bibliothèque Vever; nous nous bornerons donc à signaler, dans l'ordre chronologique, quelques numéros marquants que nous avons notés au passage.

Commençons par la *Vie rustique,* de Theuriet (Launette, 1888), reliée en 1918 par Joly, *Notre-Dame de Paris* (Ferroud, 1889), relié par Meunier, avec trois dessins de Luc-Olivier Merson, le *Livre d'heures* de Legrand (1898) avec des épreuves d'état (Lanoë, 1917), l'originale de *Cyrano* (1898), exemplaire de Jules Claretie, richement relié en maroquin rouge par Noulhac, et les *Dimanches parisiens* de L. Morin (Conquet, 1898), avec des suites et les dessins originaux de Lepère, dans une somptueuse reliure de Mercier, exécutée à l'époque pour feu Lebeuf de Montgermont.

Pour montrer tout le parti qu'on peut tirer d'un titre de livre, M. Vever, en variant les fers et la composition ornementale, a fait habiller par Joly, du même maroquin rouge, trois exemplaires de la plaquette de Maurice de Guérin, *le Centaure et la Bacchante* (Mercure de France, 1900) : il a obtenu trois reliures complètement différentes et également savoureuses. Rien ne pouvait mieux justifier l'infinie souplesse de cette technique décorative.

Le Procurateur de Judée (Pelletan, 1902) est l'exemplaire même de Grasset, avec de nombreux dessins et croquis de l'artiste, en maroquin rouge, doublé de maroquin vert, par Noulhac. *A Rebours* (Cent Bibliophiles, 1903), relié par Canape, renferme une des cinq suites d'épreuves tirées hors-texte des illustrations de Lepère. *Rosette en Paradis,* par Louis Morin (Amis des livres, 1904), avec de charmants dessins originaux, a été recouvert, en 1916, par Joly, d'un ravissant maroquin, dont la doublure blanche fait ressortir des roses mosaïquées en maroquin rosé de deux tons, habilement nuancés.

Dans cette bibliothèque, les textes sans illustrations n'occupent qu'une place assez restreinte. Voici pourtant les *Trophées* (1893), un des vingt-cinq whatman, orné dans les marges de dix-huit aquarelles de Giraldon et qui a aussi dessiné la belle reliure mosaïquée dont le dessin, bien entendu, est joint au volume. Voici *les Musardises* (1890), *le Marquis de Priola* (1902), le *Polyphème* de Samain (1906), tous reliés par Joly; plusieurs ouvrages de Miguel Zamacoïs, *l'Arche de Noé, les Bouffons, la Fleur merveilleuse,* tous enrichis, par l'auteur, de petits dessins coloriés, non moins spirituels que le texte.

Revenons aux livres illustrés : *Aux flancs du vase* (Livre d'art, 1906), avec une aquarelle de La Touche, est en maroquin rouge de Maylander. *Les Bucoliques* (1906) renferment les suites d'épreuves d'état et de nombreux originaux de Giraldon, très abondamment représenté dans cette bibliothèque et à qui est dû également le dessin de la riche reliure exécutée par Noulhac. *L'Éloge de la Folie* (Amis des Livres, 1906), illustré par Lepère, est dans une reliure doublée de Canape (1916), avec des marottes et des grelots, dessinés par M. Vever, comme d'ailleurs les fers de la plupart des reliures énumérées dans ces pages, comme, par exemple, les ornements fort singuliers, demoiselles et lézards, de *la Faune parisienne* de L. Legrand, spirituelle reliure sortie en 1917 de l'atelier d'E. Maylander. Le même Maylander a habillé de maroquin bleu *le Puits de Sainte Claire* (Livre contemporain, 1908), exemplaire renfermant les dessins originaux de Polat.

Nous trouvons ensuite les beaux livres illustrés par Maurice Denis, la *Vita nova* avec de nombreuses épreuves d'état, les *Fioretti* surtout (1913), dans une reliure de Canape en maroquin rose, d'après un dessin de Maurice Denis, avec gardes de bure franciscaine et deux importantes aquarelles de l'artiste, encastrées dans les doublures. De la même époque, datent le Chamisso, *l'Homme qui a perdu son ombre* (Peignot, 1913), avec un dessin original de Bernard Naudin et *les Opinions de Jérôme Coignard* (Cent Bibliophiles, 1914), dans une reliure mosaïquée exécutée par Noulhac. Et, pour la période de guerre, nous trouvons *Toi et moi* de Geraldy (1917), avec un des dessins de Vuillard pour le livre.

Dans la vaste production de ces dix dernières années, M. Vever a fait un choix : les quelques volumes dont nous avons, presque au hasard, noté les titres, indiqueront dans quelles directions se sont portées ses préférences.

Voici d'abord *les Trois églises* d'Huysmans (Kieffer, 1920), avec de nombreux dessins originaux de Jouas; *les Mémoires d'un rat,* de Pierre Chaine, préfacés par Anatole France (Niestlé, 1920), avec un des cinq exemplaires de la suite et les onze dessins originaux de Polat; *les Croix de Bois* et *la Boule de Gui,* dont la reliure par Legrain est ornée d'une magnifique plaque, profondément imprimée dans le maroquin; *les Chansons de Bilitis* (Corrard, 1922), dans une reliure dessinée par Barbier, avec gardes de soie tissées sur les dessins de l'artiste, de nombreux originaux et une des deux épreuves du bois ornant la couverture du volume.

Enfin, voici *les Dieux ont soif* (Livre contemporain, 1925), illustré par Jeanniot et relié par Maylander, exemplaire enrichi des suites, ainsi que de nombreux dessins et croquis de l'artiste.

Et puis ce sont les livres illustrés par Jou, *la Servitude volontaire* de La Boétie, *le Prince* de Machiavel, *les Lettres Persanes, le Carton aux estampes* de T'Serstevens, tous dans des cartonnages en vélin, peints par l'illustrateur, et son édition des *Sonnets à Hélène,* dont le vélin de la reliure est orné d'admirables rinceaux dorés, d'un goût à la fois somptueux et délicat.

Nous sommes arrivés à la fin de notre promenade trop rapide, incomplète déjà et qui demain le sera bien davantage, car, dès maintenant, s'entassent sur la table hospitalière les derniers-nés de la bibliophilie, prêts à revêtir leurs habits de maroquin doré. Dans une pile de nouveaux venus, je distingue déjà *la Seine du Point-du-Jour à Bercy,* par Georges Cain (1927), imprimé pour deux amateurs (MM. Miguet et Borderel), exemplaire de choix que vont enrichir plus de cinquante dessins originaux et *Quelques Fables* de La Fontaine avec dessins de Chadel.

Décidément, il nous faudra revenir chez M. Henri Vever!

SEYMOUR DE RICCI.

www.ingramcontent.com/pod-product-compliance
Lightning Source LLC
LaVergne TN
LVHW012023170826
845678LV00004BA/1619